AF368561

RELATOS CORTOS QUE PARECEN HISTORIAS

ExLibric

MARÍA TERESA GARCÍA ESCUDERO

RELATOS CORTOS QUE PARECEN HISTORIAS

EXLIBRIC

ANTEQUERA 2020

RELATOS CORTOS QUE PARECEN HISTORIAS
© María Teresa García Escudero
Diseño de portada: Dpto. de Diseño Gráfico Exlibric

Iª edición

© ExLibric, 2020.

Editado por: ExLibric
c/ Cueva de Viera, 2, Local 3
Centro Negocios CADI
29200 Antequera (Málaga)
Teléfono: 952 70 60 04
Fax: 952 84 55 03
Correo electrónico: exlibric@exlibric.com
Internet: www.exlibric.com

Reservados todos los derechos de publicación en cualquier idioma.

Según el Código Penal vigente ninguna parte de este o
cualquier otro libro puede ser reproducida, grabada en alguno
de los sistemas de almacenamiento existentes o transmitida
por cualquier procedimiento, ya sea electrónico, mecánico,
reprográfico, magnético o cualquier otro, sin autorización
previa y por escrito de EXLIBRIC;
su contenido está protegido por la Ley vigente que establece
penas de prisión y/o multas a quienes intencionadamente
reprodujeren o plagiaren, en todo o en parte, una obra literaria,
artística o científica.

ISBN: 978-84-19092-11-3

Nota de la editorial: ExLibric pertenece a Innovación y Cualificación S. L.

MARÍA TERESA GARCÍA ESCUDERO

RELATOS CORTOS QUE PARECEN HISTORIAS

RELATOS CORTOS

Desde mi escuela de párvulos me atraía la estantería llena de libritos hasta el extremo de terminar todo el trabajo rápidamente porque doña Carmen, mi maestra, me mandaba al rinconcito a leer. Después, en casa de mi abuela, siempre me encontraban en la habitación de mi tío, que también tenía muchos libros. Era tanta mi afición a la buena lectura que me parecía que abusaba y, cuando oía a mamá, escondía el libro debajo de la almohada y no porque a ella le pareciera mal, al contrario, sino porque a mí misma me parecía demasiado. Muchos años después, siendo maestra en Garafía, me leí uno por uno todos los libros de la biblioteca escolar, así que no me he aburrido nunca, aunque viviera en pueblos pequeños y lejos del mundanal ruido.

En lo personal se me daba bien escribir, no en vano estuve escribiéndole a mi novio (que quedó en La Palma) a diario durante tres años; pero mi gusto por la escritura empezó después, cuando era maestra y lo utilicé como recurso educativo. Cuando estudiábamos un tema, siempre buscaba una forma distinta y bonita de expresar la enseñanza: a veces en forma de poema, unos versitos para recordar ortografía y los mil trucos que recordábamos de otra forma.

Hace unos años quise «aprender» con un profesor asistiendo a talleres y seminarios, pero no me llenaban: a mí me gusta expresarme de forma natural, sin florituras y sin darles vuelta a las ideas. No lo puedo remediar, soy maestra y hablo y escribo para que se me entienda con claridad. Así me gusta y, como escribo por mi propio placer, a quien le parezca simple, pues que no lo lea; yo soy feliz de este modo.

Os voy a recopilar unos cuantos relatos: unos de la realidad, otros de fantasía; pero todos, en su momento, los escribí con ilusión y bastantes andan por ahí publicados en recopilaciones de relatos premiados en concursos. Mi objetivo es que no queden olvidados en alguna carpeta o bolso antiguo, que los lean mis personas queridas si les apetece; si no, es igual: con solo escribirlos estoy volviendo a disfrutar.

VIVENCIAS

Mi vida ha sido siempre la escuela. A los tres años, mi abuelo, en un viaje que hizo a Alicante, me regaló una maletita: era un cabás (así se llamaban entonces los estuches con broche para ir a la escuela) de madera lacada azul claro. En el interior había una pizarra, un pizarrín blando, un trozo de tela para borrar y la cartilla primera de Rayas. Me escapé escalera abajo y entré en la escuela que había frente a casa. Recuerdo las risas de las niñas cuando me vieron llegar; miré a la maestra como pidiendo permiso, sin atreverme a entrar. Ella me cogió en brazos, me sentó a su lado y, mientras me buscaban por todo el pueblo, yo estaba tan feliz viviendo la primera aventura de mi vida. Mucha gracia tuve que hacerle a doña Margarita porque me llevó a casa, habló con mamá (estuvieron charlando un rato) y yo seguí asistiendo a la escuela. Para llevarme a casa, mandaba a una chica de las mayores, que se disputaban el encargo. Yo estaba encantada. Recuerdo que me llamaba a la mesa a leer y la nariz me llegaba al borde del cajón donde guardaba los lápices, y que algún que otro caramelo me daba por saberme la lección. Desde entonces, mi vida ha sido, y es, la escuela.

Para mí fue tan importante el cariño de la maestra y de las niñas en aquella temprana edad que ya desde entonces siempre quise ser maestra, la mejor profesión del mundo. En aquel tiempo (bueno, años después) era muy raro que las chicas estudiaran, al menos en los pueblos; ni soñar que podríamos ir a un instituto y menos a un colegio en la capital. Nos preparaban los maestros y maravillosamente, por cierto. Nos examinábamos libres y en un solo examen nos jugábamos el trabajo de todo el curso, así que nos sabíamos el libro de cabo a rabo. No me importaban las dificultades, incluso un curso (cuarto de Bachiller) lo estudié yo sola porque el maestro no me pudo dar clases ese año. No me rendí: pedí los libros a mi padre, estudié con ahínco y aprobé. Fue un orgullo para mí. Continué mis estudios y al fin fui maestra. Cumplí el deseo que acariciaba desde mi infancia.

Estas vivencias marcaron mi línea de conducta. Mis alumnos encontraron en mí a la persona siempre dispuesta a escucharlos, a defenderlos contra viento y marea, que lo mismo los reprendía cuando era necesario que los consolaba y abrazaba cuando lo necesitaban. He sido un poco madre, un poco confidente, un poco abuela y siempre maestra. He llevado a la clase mis vivencias, mis viajes, mis poemas y todo lo que pudiera instruirles y educarles de forma amena.

Hace unos años que ya no estoy. Me fui con la satisfacción de haberles dado lo mejor de mi vida y haber recibido de ellos la alegría y el mirar las cosas con sus ojos nuevos. Ha sido un intercambio que me ha mantenido la ilusión por la vida y me ha dejado un grato recuerdo. Mi agradecimiento a las familias y a todos los compañeros, de los que he recibido siempre el apoyo y el cariño necesarios para seguir adelante. Por donde quiera que voy, encuentro alumnos, ya mayores, madres y alguna que otra vez oigo: «¡Maestra…!». ¡Mis niños, queridos niños! ¡Qué alegría en sus caritas al encontrarnos de nuevo! Para ellos seré siempre la maestra, porque maestra se es, aunque no estés en la escuela, y yo lo seguiré siendo hasta el día que me muera. Os quiero.

LA PUERTA DEL CONOCIMIENTO

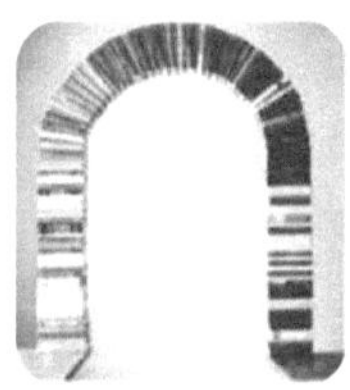

Desde muy pequeña me han fascinado los libros. Desde los tres años, me asomaba al balcón y miraba con desconsuelo a las niñas que iban al colegio que había frente a casa hasta que un día cogí la maleta, bajé las escaleras, salí de casa y me fui detrás de ellas. La maestra me acogió y me aceptó en la clase sin tener en cuenta mi edad: no tenía nada que ver que yo fuera tan pequeña para sacar de mí todo el potencial que tenía escondido.

Recuerdo mi primer libro de lecturas después de la cartilla Rayas: se llamaba *Leedme, niñas*, de Federico Torres; aunque yo lo llamaba *El patito*. Fue el que me abrió la puerta, el que despertó mi gusto por la lectura; la lectura como distracción, como placer y como la mejor forma de ocupar mi tiempo. Como enseguida terminaba, la maestra me decía que fuese a la librería (no había biblioteca) y cogiese lo que más me gustase, y añadía: «Para que seas maestra». No hacía falta, porque yo ya lo tenía decidido. Y así, siempre con los libros, fui pasando mi infancia sin aburrirme jamás.

Un poquito más mayor, y no recuerdo de dónde los sacaba, creo que de una caja que había debajo de la cama de mi tío; siempre tenía un libro. Me ponía a leer en mi habitación y, cuando oía los pasos de mamá, rápidamente lo escondía debajo de la almohada. Y no es que me dijera nada, es que yo sabía que era demasiado: todo el tiempo que estaba en casa lo ocupaba con los libros. Leía todo lo que caía en mis manos. Jamás me fijé ni en el autor ni en nada, solo sabía si me gustaba o no.

Cuando me nombraron para mi primera escuela, estuve dos cursos sola y, a pesar de estar muy ocupada con muchas clases, las noches se me hacían largas y los libros de la biblioteca escolar fueron cayendo uno a uno. Ni siquiera seleccionaba: ¿acababa uno?, pues cogía el siguiente. Recuerdo que me extrañó muchísimo encontrar *La Celestina*.

Pensé: «¿Qué hace este libro en una escuela primaria?». Pero como no lo había leído ni creo que nunca lo habría comprado por bueno que fuera, pues lo leí y me quedé tan a gusto. Y así, entre amigos, risas y libros, pasé los mejores tiempos de mi juventud.

No sé cuál ha sido la influencia real de los libros en mi vida: yo creo que fue mucha. Sí sé que tenía mucho más vocabulario que mis compañeras y que nunca usé el diccionario por desconocer el significado de alguna palabra, sino por mi afición a la lectura y a la costumbre que tengo de analizar la etimología, que casi siempre lo dice todo.

Ahora leo menos: estoy muy ocupada en otras cosas. Me gusta más inventar cuentos para mis nietos y contarles lo que ellos quieren oír según las circunstancias y las travesuras que hayan hecho. Seguro que, cuando pase esta etapa, volveré a mi afición favorita; sobre todo estoy segura de que para mí los libros fueron la puerta del conocimiento.

RECUERDOS

No suelo vivir obsesionada con mis recuerdos, cosa muy común cuando se llega a cierta edad, pero sí quedan en la mente algunos que me impactaron de forma especial. Recuerdo cuando mi madre le quitó el pecho a mi hermana con unas orejas de conejo: cuando fue a mamar y vio las orejas, echó a correr y ya no lo quiso más. También cuando me escapé de casa a los tres años para ir a la escuela porque me daban envidia las chicas que iban a clase.

La primera vez que fui de excursión con el colegio, cuando estaba con doña Margarita, es un mal recuerdo. Fuimos a un cortijo, me saltó un gallo y me dio un picotazo en la cara: me salió bastante sangre y me asusté muchísimo. En cambio, me encanta recordar cuando íbamos a dar clase de bailes regionales y a hacer gimnasia con la sección femenina: me lo pasaba estupendamente. Era la única diversión que había para las adolescentes en aquellos tiempos. Creo que ahí empezó mi afición por cantar y bailar, que todavía me dura.

Es muy agradable recordar cuando empecé a estudiar en clase particular con mi estupendo maestro don Enrique, exigente al máximo; pero a él le debo mucho de lo que soy. Cuando me preparaba para ingreso en el instituto, los compañeros no me llamaban por mi nombre, sino la Niña, porque había doce chicos y yo era la única. También recuerdo que no distinguía cuando la luna estaba creciente o menguante y mi maestro me dijo para que no lo olvidara: «Cuernecillos a la izquierda, cuarto creciente, porque vamos a buscar una luna refulgente»; esos trucos y dichos «de maestro» los he utilizado años después con mis alumnos y siempre los recibían con sonrisas y los aprovechaban.

Cuando vinimos a Canarias, el viaje en el barco fue terrible: estuve toda la semana que duró la travesía mareada y el olor a barco me duró años. Era suficiente entrar en uno, aunque no viajara, para que el hedor me diera ganas de vomitar. He contado muchas veces que cuando viajé a Garafía la primera vez, con el traqueteo de la guagua, se me destornilló el asa del bolso y me quedé con ella en la mano.

Recuerdo, cuando tenía catorce años más o menos, que me llamaron bombón y le tuve asco al chico para siempre, porque me sentí chupeteada. Cuando mi madre me dijo que eso era un piropo, no me lo podía creer: me pareció una grosería.

Y por último recuerdo la satisfacción que sentí el primero de septiembre después de mi jubilación cuando de repente me di cuenta de que empezaban las clases y yo ni me había enterado. No tiene precio. Y el estar paseando por la calle Real en horas de clase tampoco.

OTRA NAVIDAD DISTINTA

He vivido en distintos sitios: pueblos pequeños, pequeñas ciudades, capitales de provincia; y cada uno tiene su forma especial de celebrar la Navidad. En el pueblo andaluz donde pasé mi infancia, se celebra una Nochebuena muy alegre y las calles se llenan de villancicos, zambombas y carrañacas, pero solo la noche del 24 de diciembre.

Los días previos eran de mucho movimiento en las familias, pues había que hacer los mantecados y polvorones, roscos de vino, de anís y de naranja, y empanadillas de hojaldre rellenas de cabello de ángel. Cuando se rompía un rosco, decía mamá: «Las astillas para el serrador», y nos lo comíamos. Mi hermana pequeña se metió debajo de la cama comiendo los que previamente había roto y le decía a mamá: «Las astillas para el serrador». Ni que decir tiene que ese dicho forma parte del vocabulario usual cuando hacíamos dulces, a los que seguimos siendo muy aficionadas.

Cuando llegaba la Nochebuena, después de cenar íbamos a la misa del gallo. El tiempo entre la cena y la misa lo ocupaban los chicos en tocar en las calles las zambombas y las carrañacas y en cantar los villancicos más burlones que he oído jamás. Como muestra, ahí van unas estrofitas de los más populares:

A san José lo metieron en una olla de coles
y a medianoche decía: «Que me comen los ratones».
Anda, Mariquilla, con el candilillo,
a ver si me han hecho, y olé, muchos bujerillos.

En el portal de Belén
hay un marrano colgao.
Quien quiera tocino fresco
venga y le tire un bocao.
Y sale la vieja
con las estenazas:
quien quiera tocino, y olé,
que vaya a su casa.
Y otros muchos de este estilo.

Hacía un frío que pelaba y no llevábamos un velo negro de tul, sino que nos poníamos una especie de pico tricotado a mano a punto de horquilla; el mío era azul celeste, que me parecía muy bonito a la vez que me abrigaba. A mí me gustaba ir con mi abuelo y me calentaba con él porque la iglesia era de piedra y mármol. Después de la misa del gallo, se iba cantando a las casas de los amigos, donde tomaban un buen vino y el «lápiz» (un buen chorizo de la matanza). Como siempre, iban cantando:

A tu puerta hemos venio
cuatrocientos en pandilla.
Si quieres que nos sentemos,
saca cuatrocientas sillas.

Y les contestaban los dueños de la casa:

Que entre usted, mozo,
que entre usted, mozo,
porque en mi casa,
que toma moreno,

no hay ningún mozo
si lo hubiera.
Y si lo hubiera
que yo le pondría,
que toma moreno,
la tapadera.

Y así pasaba la Nochebuena en mi pueblo de la sierra granadina hasta que a los catorce años salí de mi tierra y vine a Canarias. En La Palma disfruté de otra Navidad distinta.

LOS DIVINOS

Si hay algo dulce y entrañable en Santa Cruz de La Palma al llegar la Navidad son los Divinos.

En 1962 llegué a La Palma ya casada; viví y disfruté de las misas de la luz. Volvieron a renacer aquellos recuerdos de la Nochebuena andaluza, pero multiplicados por los nueve días anteriores. Me parecía maravilloso estar calentita en la cama y que me despertaran los Divinos con sus villancicos: las guitarras, panderetas, castañuelas y una especie de pito pajarito con agua que al soplarlo hace un sonido especial que no he oído en ningún sitio; sus voces alegres te hacían despertar y a la vez parecer que seguías soñando.

En un ratito de calma, se me ocurrieron unos versos que bien pudieran servir de felicitación a todas las personas capaces de disfrutar nuestras más arraigadas tradiciones.

TIEMPO DE ALEGRÍA

Cuando alegres panderetas
en nuestras calles resuenan
y animados villancicos
en la noche nos despiertan,
nuestro espíritu renace
y el alma se nos alegra.
Es que va a nacer Jesús,
nos trae la buena nueva;
que somos hijos de Dios,
su madre, la Madre nuestra.
Alegrémonos, hermanos,
que la Navidad se acerca:
celebremos con amor
la querida Nochebuena
y tratemos al hermano
como nuestro Dios quisiera.

NOCHE DE REYES

Era noche de Reyes: los niños, ilusionados, daban los últimos retoques a sus cartas. Repasaban las cosas que habían visto en los escaparates, quitaban unas y añadían otras. Por fin, sus ilusiones quedaban plasmadas en la carta que recibirían los Reyes. Por la tarde, en la cabalgata intentarían de todas formas dárselas; a la más pequeña la tendría que poner papá a las caballotas para que pudiera alcanzar. Cada uno tenía su Rey particular y esperaban confiados a que les dejaran todo lo que habían pedido. Los padres miraban la ilusión de los niños, pensaban a cuántas tendrían que renunciar para que las de sus hijos se hicieran realidad. Pusieron sus cartas en el árbol, junto al belén, y fueron a la cama.

Los niños no podían dormir: el hijo mayor, empezando la adolescencia, tenía el gran deseo de que, además de los deportivos y las camisetas de marca, le dejaran un balón de reglamento. Estaba seguro de encontrarlos a la mañana siguiente. La niña, más responsable, pensaba que a sus padres les hacía falta un coche: papá tenía que salir de casa muy temprano porque el trabajo estaba lejos y tenía que tomar dos autobuses; mamá tenía que madrugar y caminar un rato para dejarlos en el colegio y pasaba frío a la ida y a la vuelta esperándolos. Se levantó despacio, fue al árbol, recogió su carta y en su lugar puso la que había escrito para sus padres. No le importaba quedarse sin regalos. Se acostó tranquila y pasó la noche en paz esperando el resultado de su cambio. Soñó que los Reyes fletaron un avión y dejaban los coches a los papás, que los necesitaban.

Cuando despertó no lo podía creer: en la puerta había un precioso coche y junto al árbol estaban también sus regalos. Verdaderamente, los Reyes eran magos.

LA TITA CARMEN

La tita Carmen fue para mí el familiar más querido. A los tíos maternos, que eran de León, apenas los vi tres o cuatro veces y llenaban mi fantasía infantil. Toda mi infancia la pasé en casa de mis abuelos paternos, en el pueblo granadino del que guardo tan buenos recuerdos. Mis abuelos tenían seis hijos: el mayor, mi padre y la segunda, mi tita Carmen. Mi abuelo la llamaba la tita Bicho porque no paraba un momento. Una de mis hermanas se parece bastante a ella por lo trabajadora, acogedora y generosa que es.

Mis primeros recuerdos de mi tía fueron cuando tuvo su primer hijo, que por lo visto no me sentó muy bien, porque después me contaba que le decía: «Tita Bicho, te voy a matar». Es que yo era la sobrina mayor y no me habría gustado que hubiera un bebé a quien atender; ya no era la única.

Yo nunca faltaba a la escuela: las únicas fugas que hice, y con el permiso de mi madre, eran los días de la matanza (una vez al año) y cuando venía mi tita Carmen, que vivía en Granada. Para mí era un día de fiesta: la veía subir por la cuesta de la estación y, cuando calculaba que ya estaba cerca, bajaba corriendo y la esperaba en la puerta. Los juguetes más bonitos del pueblo los tenía yo y me los traía ella.

Su casa era la de todos (igual que la de mis abuelos). Para cualquier cosa que hubiera que ir a Granada allí estaba la tita Carmen, y no es que su casa fuera amplia, es que ella era así, generosa hasta el límite. Cuando tenía que examinarme en el instituto, iba a su casa, lo mismo que cuando estudié magisterio: todas las tardes iba a casa de mi tía.

Ya está muy mayor. Dios le conserve la vida muchos años.

CUANDO SALÍ DE MI TIERRA

En el año 1954 trasladaron a mi padre a las Islas Canarias: poco menos que el fin del mundo para nosotras, pues por lo jóvenes que éramos y los años difíciles que corrían, poco mundo había pasado ante nuestros ojos. Cuando el tren partió, me despedí del paisaje como si nunca fuera a volver. Me arrancaban de mi vida, de mi pueblo, de mis amigas y no sabía lo que me iba a encontrar. En aquel tiempo para mí era una tierra muy lejana y me asustaba un poco.

Me rondaba por la cabeza aquella canción de Juanito Valderrama: «Cuando salí de mi tierra volví la cara llorando». Era julio del año 1954 cuando el buque Ciudad de Cádiz nos dejó en tierras de Gran Canaria. Al bajar del barco, el capitán saludó a mi madre y le dijo: «Señora, baje con paso firme, que lleva un precioso ramo de seis rosas», y bajamos la escala más anchas que largas. Imagino la satisfacción de mi madre.

La llegada a Gran Canaria fue la primera sorpresa. Era julio de 1954 cuando el buque Ciudad de Cádiz nos dejó en puertos canarios. El mar solo me pareció un pantano gigante, no me impresionó en absoluto. No estaba para bromas. A partir de ahí, todo fue nuevo para mis ojos y mi espíritu: el color de la tierra, las casas, todas con azotea, que a mi madre le parecía que estaban sin acabar; las playas, tan distintas: unas de fina arena africana y otras de arenas y gravas negras de sus volcanes; las mujeres canarias, tan morenas, tan vistosas, siempre arregladas y pintadas, aunque no fuera domingo; y las flores, sobre todo las flores: con el cuidado que teníamos en guardar las macetas todas las tardes para resguardarlas del frío y allí estaban sembradas a las orillas de la carretera.

Recuerdo un día que llegó papá y nos dijo: «¡Anda, vamos, que nos vamos a subir a una guagua!». Mi hermana, de solo cinco años, se cogió de sus pantalones y le dijo: «Papito, por favor, montarnos en un perro no, yo voy andando». Son escenas que se quedan grabadas y que nos hacen sonreír. Y así pasamos tres años en las islas, felices y contentos.

MIS PRIMERAS AMIGAS CANARIAS

Cuando llegamos a Firgas, mis amigas eran las hijas del médico, pero estaban internas y pronto encontré otras estupendas que todavía conservo. Éramos tres inseparables: Angélica, Maca y yo. Angélica trabajaba en la tienda de su hermano y Maca y yo estudiábamos bachiller con el maestro. Salíamos todas las tardes a la plaza y los domingos íbamos a misa y por la tarde, al cine; a la salida, subíamos a la sociedad a bailar con nuestros amigos Pepe, Julio y Miguel. Nos gustaban las excursiones largas caminando: fuimos a Teror, al barrio de Casablanca, al barranco de Azuaje, a la fuente agria, a Arucas… Siempre buscábamos algo nuevo para pasar la tarde.

Todo el tiempo lo pasábamos riendo. Nos gustaba imitar a algún personaje del pueblo.

Doña Elena era una maestra peninsular que siempre salía arrebujada en su abrigo negro con vistas rojas. Angélica la imitaba a la perfección: se daba la vuelta al abrigo, se lo apretaba y decía: «Trátenme de usted, que soy doña Elena». Y así, entre risas y fiestas, pasábamos nuestras tardes.

En Firgas vivimos tres años. Después, hubo otro traslado a El Paso, en la isla de La Palma. ¡Qué bonitos recuerdos!

EL PASO: MI PUEBLO

Aunque no he nacido en El Paso, merece llamarse mi pueblo porque en él pasé los mejores años mejores de mi juventud. Llegamos en 1957. Fue un amor a primera vista.

Al llegar a Vista Alegre, el paisaje del valle y el gran eucalipto de la curva, a la misma entrada del pueblo, parecían darnos la bienvenida. Todo me gustó: me quedaba extasiada contemplando la cascada de nubes bajando por la cumbre, la brisa, como la llaman allí. Nunca, en ningún sitio, he visto un espectáculo natural tan bonito.

Pronto encontré amigas, las chicas más estupendas y alegres que me podía imaginar. Formamos un equipo increíble. Los domingos, después de comer, íbamos a casa de Carmen Celia: allí también las armábamos buenas. La cama de su abuela, enorme, de hierro, no sé cómo aguantó nuestras embestidas; nos sentábamos todas por los lados y no había disparate que no inventáramos. Por la tarde, a las seis, al paseo.

Venían chicos de otros pueblos y a cada uno le pusimos su apodo: a uno, llamado Filiberto, le llamábamos Filismorris; otro que siempre cantaba *Sombras nada más*, le llamábamos ese nombre y otro, que era un poco simple, decía que él se llamaba Juan XXIII porque se llamaba Juan y tenía veintitrés años; él solito se bautizó.

MONTERREY: EL CENTRO DE DIVERSIÓN DE EL PASO

La terraza Monterrey era el centro de diversión y venían chicos de todos los alrededores. Eran famosos sus bailes de carnaval. Era el tiempo de los asaltos (el baile por las tardes), la orquesta Power, con músicos del pueblo, y la música italiana, Lucho Gatica y su *Reloj*. Fue una época maravillosa. Siempre recordaré los buenos ratos que pasé en Monterrey.

Además del salón y la terraza, tenía un bar en la parte cubierta y también era hotel y restaurante. Matilde era el alma del negocio: a los que iban les servía de su propia comida. Recuerdo que una vez un amigo se quedó a comer y le sirvieron un potaje de verduras y una ensalada. A él, que no le gustaban las verduras, no le quedaron ganas de volver y, cuando quería comer, iba a un bar de la plaza que tenía unos bocadillos de carne grandes y riquísimos.

Monterrey forma parte de mis mejores recuerdos de juventud.

EL TEATRO MONTERREY, DONDE SE CELEBRABAN LOS BAILES

Para mayor cariño a este pueblo, en El Paso conocí a mi marido: ¿cómo no voy a tenerle un amor especial? Fue un 28 de septiembre, en la primera excursión que realizó Banesto y, claro, allí estábamos nosotras. En fin, todo pasa y todo cambia. Afortunadamente, nos quedan los buenos recuerdos.

Hoy El Paso no se parece: la casa de Inmaculada ya no existe, han abierto una calle; el cine es un almacén de muebles, el hotel Monterrey, donde se celebraban los bailes, lleva varios años cerrado; y el morro desde el que espiábamos la llegada de la guagua también ha desaparecido. La entrada al pueblo, preciosa, bordeada de palmeras y eucaliptos, dio paso a una acera ancha, como la de cualquier otro sitio. Está más amplia, más bonita, pero a mí me gusta recordarla como era. Me parece más íntima, más entrañable.

UNA TARDE DE AÑO NUEVO

Era una tarde de Año Nuevo cuando te vi por vez primera. Te vi entrar. Paseaste tu mirada por el salón y sentí que se detenía en mí. Supe que ibas a venir y viniste. Me invitaste a bailar y ya no me apretaron más los zapatos. Parecía tener alas en los pies. Otra tarde viniste y algunas tardes más, también. Pasar la tarde contigo era un encanto: tenía la sonrisa en los labios y mariposas en el corazón.

Pasaron las fiestas. Tenías que ir a preparar las oposiciones y te marchaste el jueves siguiente. Quedamos en escribirnos, pero tus cartas nunca llegaron. Silencio, silencio. No quise pensar mal de ti, de lo que me alegro; pensé que al estar en el ambiente estudiantil conocerías a otra chica y ojos que no ven… Mi orgullo femenino no soportaba ese silencio: me armé de valor y te escribí una pequeña nota en la que te decía que mi padre había pedido traslado a la península y que no quería dejar nada detrás. Le deseé suerte con las oposiciones y me dediqué a estudiar, que era lo mío.

Desde pequeña yo también quería ser maestra. Lo llevaba en los genes: en mi familia materna, mi abuelo, mis seis tíos, mis hermanas y yo todos somos maestros; mi hija también lo es y mi nieta piensa serlo. Te guardé en un rinconcito nostálgico, donde nadie pudiera encontrarte, y mis sueños quedaron en suspenso.

REENCUENTRO CON MI CHICO SERIO

Estaba recibiendo unas sesiones de rehabilitación y esperaba hasta que me tocara el turno. Coincidimos en la misma consulta. Así fue durante varias sesiones hasta que un día, estando en la sala de espera, llegaste y te sentaste cerca de mí. Nos saludamos y hablamos un rato; lo curioso es que parecía que el tiempo no había transcurrido. Te reconocí: tu forma de expresarte, tus palabras graciosas, tu voz, que me hizo recordar tiempos pasados. Hablamos de cualquier cosa: de la familia, de los hijos…; era como si volviera a vivir aquellos preciosos años. Me dijiste: «Te debo unas palabras». Yo te contesté: «Olvídate de eso». Dijiste querer arrancar una vieja espina y te dejé hablar; yo opté por escucharte. Comenzaste a contar lo que te llevó a tan inesperado comportamiento y hablaste. No salía de mi asombro. Nunca hubiera podido ni sospechar por qué tomaste aquella decisión.

Admiré tu generosa renuncia y te comprendí; tus palabras volvieron a ser el soplo de brisa fresca que vino del otro lado. Me alegré en el alma no haber pensado nunca mal de ti. Constaté que seguías siendo *mi chico serio*. En ningún momento dijiste ninguna palabra que me pudiera dañar o molestar o que diera lugar a sentirme mal. No quisiste hablar de tus sentimientos de entonces, pero te entendí. Se te escaparon algunas palabras que me hicieron comprender que nuestros sentimientos habían sido compartidos por igual y sentí la serenidad y la paz interior que necesitaba.

Tú para mí siempre serás un bello recuerdo de aquellos bonitos años que no volverán.

Me alegro de haberte conocido y de que formaras parte de aquel sueño de juventud. Te guardé en tu rinconcito, que no es nostálgico porque entró un rayo de sol. Será un lugar de sonrisas y mariposas.

UNA VEZ SOÑÉ

Una vez tuve un sueño, pero no era consciente de que solo era eso, un sueño. Vivía contenta, feliz, alegre, siempre dispuesta a reír y cantar sin sospechar siquiera que en cualquier momento podría despertar.

Otra persona compartía conmigo mi precioso sueño: hablábamos, reíamos y bailábamos. Recuerdo aquella preciosa canción:

Todos los sueños se tienen que desvanecer,
pues se los lleva la luna al amanecer.

Los míos se los llevó una noche en la que otra persona quiso hacer realidad su propio sueño y nos despertó bruscamente. Eso no impide que, a veces, recuerde mi querido y compartido sueño.

MIS COMIENZOS EN LA ENSEÑANZA

Santo Domingo de Garafía (1964)

Realicé mis estudios de magisterio en Granada. Ese mismo año me casé y volví a vivir a La Palma, de donde había partido tres años antes. En mayo de 1964 aprobé las oposiciones y en octubre recibí mi primer nombramiento. Por fin iba a ejercer mi profesión: maestra, la mejor profesión del mundo.

Viajar a Garafía en aquel tiempo era una odisea: la guagua salía a las seis y media de la mañana para llegar a las once y cuarto; casi cinco horas de viaje por una pista forestal. Cuando venía un vehículo, había que buscar el aparcadero más próximo. A la izquierda, unas paredes enormes de risco y a la derecha, al borde mismo de la pista forestal, profundísimos barrancos que me hacían cerrar los ojos de puro miedo.

El señor alcalde me acompañó al colegio. Había cuatro viviendas: dos estaban ocupadas por maestros. La del director la ocupaba el secretario del ayuntamiento y la que me pertenecería a mí la tenían preparada como comedor escolar. No permití que quitaran el comedor de mi vivienda: a mí me bastaba una habitación y compartir los servicios. El señor alcalde me dio unos días para preparar la mudanza. El lunes siguiente aparecí como el caracol: con la casa a cuestas.

MIS PRIMERAS ALUMNAS

En el club náutico

En las Nieves

En Garafía estuve dos cursos. Las familias me acogieron muy bien, pues las maestras eran interinas y duraban poco; si no estuviera tan lejos hubiera estado allí más tiempo. El segundo curso que pasé con ellos salió mi plaza a concurso y lo más seguro era que me desplazaran.

De mis dieciocho alumnas, solo una había viajado a Santa Cruz de La Palma, así que empecé a preparar una excursión para que pudieran disfrutar de cosas tan sencillas como tomarse un helado o ver una película. Cuando les dije, se entusiasmaron. Fue tan divertido prepararla que diría que también muy educativo. Movilizamos a todo el pueblo: hicimos rifas y hasta el alcalde nos regaló quinientas pesetas, que en aquel tiempo era bastante. Queríamos bañarnos en la piscina del club náutico, pero no tenían bañadores: decidieron que lo mejor era hacerse un pantalón cortito y una blusa de tirantes que les sirviera para ir a la piscina y para la fiesta de San Antonio del Monte, la mejor de las que se celebran en el pueblo.

Cuando llegó el día, salimos muy temprano por el norte. No quedó rincón que no visitáramos: fuimos al barco, al aeropuerto, al mirador de la Concepción, a las Nieves. A la hora de comer, acampamos en mi piso, que acababa de comprar y todavía estaba vacío. Después fuimos al cine y, a la salida, de vuelta a casa por Fuencaliente. Así le dimos la vuelta a la isla, algo sumamente difícil por las carreteras que había y el tiempo que se tardaba. Se nos hizo de noche por el monte: cuando llegamos al pueblo eran las once. Los padres nos esperaban en la plaza con los carburos encendidos. ¡Qué preocupados estarían! Pero nosotras no pensábamos eso y entramos al pueblo cantando a todo lo que nos daban los pulmones.

Para ellas fue increíble. Hicimos muchas fotos que guardo con cariño en mi álbum. Fue una experiencia inolvidable.

FIESTAS DE SAN ANTONIO DEL MONTE

Entre los actos de esta fiesta, el más destacado es la feria de ganado en la que se exhiben abundantes ejemplares de bovinos, caprinos y ovinos junto a los dóciles perros pastores. Es la fiesta más importante de los ganaderos y se considera la más antigua. Es tradicional construir ventorrillos o mesones de palos y ramas de faya y aceviño.

Figura en el calendario festivo de Garafía. Se acude para disfrutar de los desfiles de animales, de los arrastres con peso, de los paseos y agradables encuentros entre vecinos, de ventas de productos agrícolas y ganaderos, de los concursos con premios en metálico, de puntos cubanos y «verseadores» en la lucha canaria, de la carrera de burros con premio al último en llegar a la meta, de la cabalgata, de los concursos de procesiones, de los fuegos artificiales, de los conciertos de música… El lugar está lleno de ventorrillos donde degustar los productos de la tierra y puestos y furgonetas en los que comprar dulces, vinos, queso y demás *delicatessen* del pueblo.

La zona de acampada está a escasa distancia de la ermita del mismo nombre, vinculada a una peregrinación centenaria y que cada mes de junio acoge una popular feria ganadera. El área está a medio camino entre las dos reservas naturales del municipio: la reserva espacial de Guelguén (hacia la costa) y el pinar de Garafía (hacia el monte). San Antonio del Monte tiene muchos devotos en la isla y es proverbial entre los vecinos del pueblo su compromiso por acudir a la fiesta anual estén donde estén. Muchos fieles, una vez llegados, se arrastraban de rodillas en torno a ermita para cumplir las promesas. Ningún garafiano se perdería la fiesta por nada del mundo.

EL ROQUE DE LOS MUCHACHOS

Roque de los Muchachos es el nombre que se le da al pico rocoso que forma el punto más alto de la isla de La Palma. La altura máxima asciende a 2426 metros sobre el nivel del mar, lo que hace de ella la segunda isla más alta del archipiélago después de Tenerife. En el Roque de los Muchachos, debido a la gran calidad del cielo, se sitúa el observatorio astrofísico. Este cierra la Caldera de Taburiente por su zona norte; desde la cumbre, se puede ver Tenerife, La Gomera y El Hierro. El nombre de *Roque de los Muchachos* proviene de la forma del mismo, pues son una serie de pequeños roques de unos tres metros de altura que se asemejan a un grupo de muchachos.

En el observatorio del Roque de los Muchachos (ORM), al borde del parque nacional de la Caldera de Taburiente, a 2396 metros de altitud, se encuentra una de las baterías de telescopios más completa del mundo. Estas cumbres son un punto de referencia para la comunidad astrofísica internacional en pro de un mayor conocimiento del universo.

Aparte de las actividades científicas, el Instituto de Astrofísica de Canarias realiza numerosas tareas de divulgación para que los conocimientos astronómicos lleguen a todos los públicos. Para ello, en determinadas épocas del año, se organizan visitas de colegios y grupos a sus observatorios, tanto al observatorio del Roque de los Muchachos como al observatorio del Teide. La residencia del ORM consta de una serie de instalaciones (dormitorios diurnos y nocturnos, cocina y comedor, recepción, salas de estar y de juegos…) con objeto de prestar un servicio a todo el personal técnico que lo precise.

LEYENDA DE LA PARED DE ROBERTO

En las cumbres de Garafía tuvo lugar una hermosa leyenda al pie de una pared de lava próxima a Los Andenes. Según cuenta la tradición, allí se daban cita una pareja de enamorados bajo la luz de las estrellas; ella era una bella indígena de Garafía y él del distrito de Tagaragre. El amor que ambos se procesaban despertó la codicia del mismo demonio.

Se cuenta que el diablo creó ese paredón pétreo en una sola noche con la intención de separar a los enamorados. El joven, apasionado y deseoso de estar con su amada, quiso atravesar la pared y, al no conseguirlo, gritó por dos veces: «¡Va el alma por pasar!», y chocó contra la pared. Tras un instante de silencio, volvió a clamar: «¡Va el alma y el cuerpo por pasar!». En ese momento, de la tierra fluyeron materiales ardiendo y llamas infernales y el mancebo atravesó la pared en una incandescente bola de fuego, rodando al abismo. La doncella que provocó la intrépida acción del joven se arrojó al abismo y amaneció muerta. Los pastores la enterraron en el Roque de los Muchachos.

La leyenda continúa: de la tumba brotaron pensamientos de la cumbre o *Viola palmensis*, planta que, según la tradición y esta, copió el color azul de los ojos de la joven. La pared a la que se refiere puede verse hoy partida en dos mitades y, si seguimos creyendo a la voz del pueblo, el hueco que las separa, por el que discurre un camino, fue creado por el mancebo en su deseo de llegar hasta su amante.

MI AMIGA ELENA

Mi amiga Elena, que más que una compañera en el colegio fue mi hermana. Sin conocerme de nada, me acogió en su familia como una más. Sin ella, no sé qué habría hecho; pasaba más tiempo en su casa que en la mía. Tenía dos niñas pequeñas y entre todos me ayudaron a llenar la soledad. Siempre les estaré agradecida. Sigue siendo mi hermana adoptiva, como yo la llamaba.

A la salida de clase me reunía con ella en su casa y disfrutaba con sus niñas, que eran pequeñas; era una delicia estar con ellas. Allí empecé a inventar cuentitos en los que me fui especializando y que tanto me ayudaron después cuando les daba clase a los más pequeños. A algunas fiestas, como San Antonio o San Pedro, iba mi marido y lo pasábamos juntos con sus amigos. Cuando ellos venían aquí, hacíamos lo mismo por aquello de que los amigos de mis amigos son mis amigos.

La familia de Elena se trasladó a Bilbao y allí llevan muchos años. La última vez que vino lo hizo con su hermana y pasamos unos días muy agradables con nuestros amigos de allí. Vino a cerrar un capítulo porque ya somos mayores y no estamos para muchas fiestas. Yo también he pasado unos días en Bilbao. La amistad verdadera no entiende de lugares ni de tiempo. Es cierto que quien tiene un amigo tiene un tesoro. La mía no la cambio por ninguna.

MI ESCUELA PARROQUIAL

Una de las épocas más gratificantes de mi profesión la viví en Breña Alta. Por los años 66-67 fui nombrada maestra de la escuela parroquial de San Pedro en Breña Alta; venía de la escuela de Santo Domingo de Garafía. Ya podrán hacerse una idea de la felicidad que sentí al ser nombrada en Breña Alta, tan cerquita de casa, de mi familia.

La escuela parroquial era una pequeña cochera a la orilla de la carretera, un gran portón verde, una pequeña ventana, cuatro mesas de seis plazas, ocho bancos, una pequeña librería y una pizarra pintada en la pared. Esa era mi escuela. Veinte alumnas de 1.º a 6.º y la mayor ilusión del mundo.

No teníamos agua: la vecina más cercana nos llenaba el porrón, y no teníamos servicio: había fuera un cuartito con un pequeño muro y un agujero; pero todo eso no nos molestaba, nos sentíamos felices y disfrutábamos de lo que había. A la salida, a la derecha, un enorme eucalipto que nos resguardaba del sol en el recreo y un campo enorme, sin sembrar, en el que las niñas corrían a sus anchas. Enfrente de la escuela, una entrada ancha y espaciosa donde nos dejaban jugar a la pelota, aunque siempre el medianero estaba por allí a la hora del recreo porque, como había frutas, ¡por si acaso!, más vale prevenir.

Todavía al recordarlo nos reímos. Yo tenía veinticinco años y jugaba al mismo ritmo que ellas. Era un intercambio: ellas me enseñaban sus juegos y yo les decía los de mi pueblo cuando yo tenía su edad. Ya les digo que fue una época maravillosa.

Guardo muy buen recuerdo de mis niñas: ganamos concursos de historia contra el colegio de San Pedro y eso nos llenó de orgullo. Se prepararon cinco y dividimos los temas; así cada una se aprendió su parte al dedillo. Teníamos que ganar, seguro.

MIS ALUMNAS DE LA ESCUELA PARROQUIAL

Cuando llegué a la escuela me encontré unas alumnas bien educadas, cariñosas, dóciles, trabajadoras y con un nivel de conocimientos muy alto.

La guagua salía desde Santa Cruz de la Palma a las ocho, por el Zumacal, y me dejaba en la Concepción; el resto del camino, andando. Las niñas, que venían de Juan Mayor y de Cuatro Caminos, solían acompañarme por la carretera. ¡Algunos chaparrones tuvimos que aguantar! ¡Qué recuerdos! Rosi, la más pequeña, de solo tres añitos (para que se fuera acostumbrando), se nos dormía por la tarde; Esperancita, que jamás se sentaba en el suelo o en una piedra sin poner el pañuelo para no ensuciarse la ropa; Rosiña, la más traviesa: no había árbol ni pared que se le resistiera, siempre se pasaba el recreo subida a algo y yo, al pie, esperando; Rosabel, con su pánico a los aviones, que pasaban sobre nuestras cabezas varias veces al día: cada vez que los oía, corría a refugiarse a mi lado. Mi hijo, que me acompañaba alguna vez, me decía: «¿Verdad, mamá, que España está en *Eropa*?», o también: «¿Verdad, mamá, que los Reyes *Catónicos* son Isabel y Fernando?». Parecía que solo pintarrajeaba, pero se iba quedando con todo lo que oía. Yo me quedaba hasta la tarde porque no había buen servicio de guaguas y las niñas volvían pronto para acompañarme. ¡Qué partidazos de pelota jugábamos! Tenía que jugar medio partido con cada equipo, aunque Teresa, que era de las mayores, ya jugaba mejor que yo.

De aquellas estupendas niñas, Carmen Dolores y M.ª Nieves son maestras, Rosiña estudió otra carrera, que ahora no recuerdo cuál, y otras cuantas trabajan en el hospital de La Palma: ¡atención garantizada!, os lo aseguro.

LOGROS DE MIS ALUMNAS DE LA ESCUELA PARROQUIAL

El último año que se podía entrar en el instituto a los diez años lo aprovechamos bien: con mucha dedicación, mucho interés por parte de todas, mucho trabajo y la total cooperación de las familias porque en la hora del mediodía les daba clase. Aquel curso aprobaron 4.º de EGB, ingreso en el instituto y 1.º de Bachillerato.

Estábamos radiantes. ¿Se imaginan lo que supone para una niña de diez años entrar en septiembre en 4.º curso y al curso siguiente estar en 2.º de Bachiller? Todavía estoy asombrada de cómo pudimos conseguirlo. Desde luego, es cierto que la unión hace la fuerza, y todas unidas lo logramos. Todas son buenas madres de familia y algunas ya son abuelas. Las veo con frecuencia y no las puedo mirar de otra forma, sino como cosa mía. Creo que ellas también se alegran de verme porque se les nota en la cara.

En la escuela parroquial estuve seis cursos. Ahora, cuando paso por la carretera de Las Vueltas, todo lo encuentro distinto: el eucalipto que nos acogía ya no está y la carretera, al no funcionar el aeropuerto viejo, tiene muy poco tráfico. Cuando veo su gran puerta cerrada y ni una niña correteando por sus alrededores, se me oprime el pecho y la miro con cariño y un poco de nostalgia. Menos mal que todavía queda alguna escuela unitaria. Se trabaja mucho más, sin duda, pero todo lo que se haga por los niños merece la pena.

DE LA ESCUELA PARROQUIAL A MIRCA

Mi traslado a Mirca se presentó muy accidentado. El concurso salió por turno de consortes y como yo era la de más puntos me pertenecía por derecho, cosa que no admitía otra maestra. Al día siguiente, fui a Santa Cruz y tuve la suerte de hablar directamente con el señor delegado, pues los que se solían ocupar de nuestros asuntos (y cuyos nombres no quiero recordar) no querían admitir la reclamación. El señor delegado me escuchó y, aunque tardó un curso entero en resolverse, al fin llegué a Mirca.

El colegio de solo dos unidades estaba en la plaza de Candelaria. Me correspondieron los alumnos de 4.º y 5.º curso; como se podía repetir varias veces, tenía alumnos un pedazo más altos que yo. A ellos solo les interesaba el fútbol y la lucha canaria, de gran tradición en el barrio, mucho más que las cosas de clase; pero ahí fuimos tirando. De esta promoción hicieron estudios medios y superiores bastantes alumnos y uno de ellos, Jaime, es el que ha llegado más lejos: fue uno de los más inteligentes y estudiosos que he tenido a lo largo de mi profesión. A fuerza de estudios y becas, llegó a hacerse arquitecto. Su proyecto fue seleccionado para la Expo del 92 y obtuvo el Premio Fin de Carrera.

En el concurso de traslados participé y así salí de Mirca. Todos estos cambios nos hacen relacionarnos con muchas personas distintas y siempre se saca algo positivo. ¡Menos mal!

MI ESTANCIA EN EL COLEGIO ANSELMO PÉREZ DE BRITO

Cuando tomé posesión en mi nuevo colegio, encontré uno grande, no solo por lo nuevo y lo espacioso, con unas instalaciones muy buenas con gimnasio, canchas de deportes, comedor y hasta salón de actos con un precioso escenario; sino por el compañerismo que hallé en él. Fue elegido como sede de la exposición itinerante de pinturas del Museo del Prado. A la inauguración asistieron la señora ministra de cultura doña Soledad Becerril, autoridades provinciales, diputados y demás políticos palmeros. También conservo muy buenos recuerdos de mis alumnos. ¿Cómo olvidar a aquel niño de 1.º que me preguntó si podía tener dos mamás porque quería que yo también lo fuera?

Lo mejor era la buena relación entre los compañeros: aquella hora del café por la tarde era una gozada. Cualquier fecha era motivo de celebración y nos gustaba hacerla en el colegio: los hombres preparaban la cena y nosotras nos ocupábamos de lo demás. Solían venir compañeros de otros colegios. Después, cantos, baile, disfraces, desfiles de modelos (los hombres en la pasarela)… ¡Qué tiempos!, ¡qué maravilla! En ningún colegio he vivido nada parecido. Allí estuve durante catorce felices años; una parte de mí quedó cautiva entre sus paredes. Me sigo sintiendo parte del colegio APB, como se le llama familiarmente, ¡así que al Anselmo… ni me lo toquen!

MIS ALUMNAS DEL ANSELMO PÉREZ DE BRITO

Mis alumnas eran unas niñas trabajadoras, alegres, dispuestas para todo, con las que preparábamos unos festivales estupendos: títeres, teatro, danza; todo lo hacían bien. Recuerdo un fin de curso que, sin decirme nada, parodiaron la clase y quedé admirada: todos mis gestos, mis frases, hasta la forma de colocar mi chaqueta en la silla, borrar la pizarra y decirles: «Vamos, a trabajar, que se va la mañana». Lo hicieron a la perfección, no paré de reír en todo el rato. Me conocían a mí tanto como yo a ellas. Se atrevían con todo: lo mismo entonaban canciones de forma burlesca («¡Qué lindas piernas tiene Carolina!») que bailaban *Cantando bajo la lluvia* con sus paraguas, cada uno de un color distinto. Yo preparaba las ropas, les compraba el material y elegía la música, y la escenificación la hacían ellas a su gusto. La dirección del colegio la encontró tan buena que fuimos a representarla al teatro Circo de Marte, el mejor teatro de la isla de La Palma.

Ya son mujeres casadas y llevan a sus niños a nuestro colegio. Siguen siendo *mis niñas*, no puedo mirarlas de otra forma. Cuando nos encontramos, sin poderlo evitar, no se nos cae la sonrisa de la boca. No me llaman por mi nombre, me dicen: «¡Maestra!», y yo me quedo más ancha que larga. Es muy gratificante que a través de los años sigas sintiendo su cariño.

MI ÚLTIMO COLEGIO

El que fue mi último colegio estuvo bastante tiempo desocupado; estábamos deseando que empezara a funcionar. Se ocupó con profesores de otros centros y las plazas que quedaron libres las ocupamos nosotras el curso siguiente. No tuve que adaptarme a nada, era seguir como siempre, solo que en otro edificio, ya que éramos cinco compañeras que habíamos estado juntas durante catorce cursos en el Anselmo Pérez de Brito y las demás, todas conocidas. Cada una destacaba en algún aspecto y siempre sabías a quién acudir.

A mis primeros alumnos los tuve de 1.º a 6.º: con ellos empecé los cuentitos y a aprender la ortografía en verso y los resúmenes de lo explicado los aprendíamos en forma de poemita. Si alguna vez me olvidaba, me decían: «Maestra, ¿y el poema?». Muchas felicitaciones al padre o la madre las hacíamos en conjunto: poníamos las ideas que queríamos en la pizarra y entre todos les dábamos forma de poesía. Se iban orgullosos con sus poemas preparados en postales dibujadas y pintadas por ellos.

En la fiesta de la Cruz, en el colegio se hace la cruz del puente, una de las mejores que se hacen en la ciudad. Muchas veces ha obtenido el primer premio y siempre ha fomentado la participación y la convivencia de la comunidad escolar.

En ese colegio pasé los últimos dieciséis años de mi vida profesional. Con todas las compañeras he trabajado a gusto y en el equipo directivo he encontrado el apoyo necesario; gracias a todos. Me hacen sentir bien y con la satisfacción del buen trabajo y el deber cumplido. Hasta siempre.

CARNAVAL PALMERO
LOS INDIANOS

En La Palma siempre se han celebrado los carnavales, aunque estuvieran prohibidos y hubiera que salir a los campos, que se disfrutaban con más libertad. Después, se buscó el truco de «fiestas de invierno» y ya se celebraron normalmente. Duraban bastantes días: la fiesta empezaba desde el sábado y hacían muy buenos bailes en todas las sociedades. El día más carnavalero era el martes: se hacían estupendas cabalgatas, todas las carrozas estaban formadas exclusivamente por hombres y nos admirábamos como al estar maquillados eran iguales que sus hermanas. Estaban guapísimos.

Desde hace unos años, el día principal ha pasado al lunes, el día de los Indianos. Los polvos de talco inundan las calles y hasta los tiran con un cañón. Se ha convertido en el día más famoso en las islas. Poco a poco ha ido aumentando el número de participantes y todos salen a la calle de blanco, porque si salen de otros colores igual vuelven blancos a sus casas. Ahora ya es demasiado: desde antes de Navidad no hay pasajes para ese día y vienen barcos especiales que esperan a que se acabe la fiesta para llevarse de vuelta a los pasajeros. Muchas personas que viven en Santa Cruz de La Palma se marchan a otras islas por los polvos. Desde por la mañana es difícil transitar por la calle y cuando llega la negra Tomasa con su parafernalia de tambores y bailes ya no se puede dar un paso. Ese día y los siguientes procuro no salir de casa por miedo a resbalarme; lleno la nevera y a descansar tranquila en casa por si acaso.

LA SIGUIENTE GENERACIÓN

Muchas veces me he preguntado cómo se las arreglarán nuestros hijos para educar a los suyos en estos tiempos que les ha tocado vivir. Parece que no ha pasado tanto tiempo desde que eduqué a los míos; creo que intenté hacerlo como mis padres lo hicieron conmigo. Me pareció una excelente forma: con amor, comprensión y haciéndolos muy responsables. Siempre, en todas las circunstancias de la vida, he tenido presentes sus ideas y consejos; claro, que con mis hijos ya no se podía ser tan estricta en los horarios ni en otras cosas, pero los rasgos generales de su educación fueron los mismos que los míos.

Ahora tengo a mis nietos. Aunque todo ha cambiado mucho, creo que no debemos encandilarnos por los tiempos modernos porque las bases siguen siendo las mismas y lo que antes era correcto sigue siéndolo ahora. Por supuesto que tenemos que seguir adaptándonos porque los tiempos que corren hoy no se parecen a los que vivieron sus padres y muchísimo menos los nuestros; pero no hasta el punto de olvidar nuestras convicciones para que no nos tachen de anticuados. Ningún niño es igual a otro y siempre tenemos que ir renovándonos.

Yo creo que los niños siempre son niños, que tienen que aprender a vivir porque no saben lo que les va a tocar. En realidad, los niños de hoy, como los de ayer y los de mañana, lo que necesitan para vivir bien y ser felices es que los tratemos con amor. Todo lo demás viene por añadidura.

CÓMO PIENSA MI NIETO

Con mis nietos, procuro tomármelo con calma. Cuando por costumbre (y deformación profesional) intento ejercer de maestra, mi nieto me dice: «¡Abuela, que yo vengo a tu casa a disfrutar!», y lleva razón: ¡que disfrute de sus abuelos lo que pueda! Hago todo lo que sé para que se divierta. Igual que hacía con su padre, le invento historias, le canto todas las canciones infantiles que recuerdo y, cuando empiezo un cuento de los de siempre, me dice: «No, abuela, yo quiero de los tuyos», y ahí está la abuela, inventando según lo requieran las circunstancias.

Ahora ya tiene diez años y se cree un hombrecito. Hace unos días le decía que algo no estaba bien y me sorprendió diciéndome: «Abuela, ahora estoy en la prepubertad, ¡prepárate cuando tenga catorce años!». ¿Qué les parece? Pues yo, como me llevo muy bien con él y siempre estamos de broma, siguiendo la fiesta, le contesté: «No, ¡prepárate tú, que te va a faltar culo para las nalgadas que yo te dé!». Siguiendo la moda actual, me respondió: «¡Pues te denuncio!», y yo le dije: «Puedes denunciar todo lo que quieras, pero las nalgadas no hay quien te las quite». Me parece increíble: jamás le hubiera hablado así a mi abuela.

Por eso, padres que sois nuevos en estas tareas, no os agobiéis con la gran responsabilidad que habéis asumido: nadie nace enseñado. Aprended con vuestros hijos, que ellos nos van marcando el camino a seguir. Usad vuestro sentido común. Ningún niño es igual a otro y siempre tenemos que ir renovándonos. En realidad, los niños de hoy, como los de ayer y los de mañana, lo que necesitan para vivir bien y ser felices es que los tratemos con amor. Lo demás será coser y cantar, ¿no os parece?

¿DÓNDE ESTÁN MIS SERENATAS?

A veces, me despierta de madrugada algún coche con la música a todo volumen. A mí ni me parece música ni nada, sino una escandalera sin sentido que no nos deja descansar.

Es inevitable recordar cuando me despertaba a esas horas con la música de una serenata.

Para mí y creo que para todas las que las disfrutamos, era una sensación tan agradable que, aún hoy, más de cincuenta años después, al recordarla, me siento envuelta por aquella dulce sensación. Era el primer indicio de que le gustabas a un chico. De entre el grupo de amigos, te dabas cuenta cuál era el más interesado.

Recuerdo mi primera serenata. Yo vivía en Firgas; tenía apenas quince años. Empezó con *Las mañanitas* y terminó con *Juan charrasqueado*. Mi madre me dijo: «Niña, te me estás haciendo mayor» y yo me puse tan contenta porque ni lo había pensado. La más graciosa de todas fue cuando vivíamos en El Paso: teníamos unos amigos simpáticos y en aquella ocasión todas las canciones hablaban de la suegra: «Mi suegra a la media noche, mi suegra a la madrugá». Y no les faltaba razón porque por aquellos tiempos una chica, para salir de noche, tenía que ir con su madre; teníamos que subir y bajar para que supieran que estábamos por allí. ¿Se imaginan que diría hoy una joven si se le exigiera lo mismo?

Por eso, jóvenes, cuando algún jueves o viernes me despierta vuestro ruido, vuestras risas, yo recuerdo las mías y pienso: «¿Dónde están mis serenatas?».

BORRADOR DEL ESTATUTO DE CENTROS QUE ENTRARÁ EN VIGOR CON EL NUEVO GOBIERNO

(Crítica a un colegio que nos miraba a los demás por encima del hombro)

Con este nuevo estatuto se espera aumentar la calidad de la enseñanza y ser más considerados con el entorno que nos rodea.

Artículo 1.º: trátense todos de Vd. y de don, así se elevarán un palmo sobre los demás.

Artículo 2.º: con antelación, cunda el rumor de que no tiene plazas; así, cuando cubra las que en realidad hay, les hará creer que les está haciendo un gran favor. De esta forma, no se atreverán a abrir el pico por muy rabiando que estén.

Artículo 3.º: no sea derrochador, no compre lápices ni papel, compre sillones y cortinas, que ni se afilan ni escriben y sobre todo impresionan al visitante.

Artículo 4.º: si tiene un superior que se prevé pejiguera, consiga que la esposa trabaje en su colegio. A fin de cuentas, quienes gobiernan a los hombres son sus mujeres.

He dicho.

EL BOCADILLO

En los tiempos de recortes que estamos sufriendo suceden algunos hechos o anécdotas que te dejan tan perpleja que no sabes cómo reaccionar; a veces no sé si reír o llorar.

Santa Cruz de la Palma es un lugar pequeño: nos conocemos todos y se detectan pronto los nuevos personajes que pululan por sus calles. Desde hace algún tiempo, en la calle Real hay chicos y parejas que no me explico cómo pueden vivir, yo digo que de milagro. Uno disfruta asustando a los transeúntes tirando los bolos a gran altura, cuando pasas a su lado, que parece que te van a caer encima. Hay otro chico con un pelo que no se sabe ni el color ni cuánto tiempo hará que no ve un peine; ese ni sé lo que hace. Otro milagrito de supervivencia. Una pareja de aspecto jipi andrajoso se pasa la mañana haciendo enormes pompas de jabón; como medio de vida lo veo descorazonador.

¿Por qué titulo este relato como «El bocadillo»? Pues porque todavía no me puedo creer lo que nos tocó vivir a mis compañeras y a mí. Estamos muy sensibilizadas con las penurias y el hambre. Una compañera del grupo apareció con unos bocadillos bien rellenitos de jamón y queso para esas personas que estaban pidiendo en las escaleras del ayuntamiento: pensábamos que les vendrían bien. Le ofreció uno a un chico que se sentó calladito en los escalones y este le sonrió y se lo aceptó. Ella siguió su camino cuando al momento le tocaron el brazo. Era el chico del bocadillo, que le dijo: «Perdón, señora, no se lo puedo aceptar: es que yo solo como pan integral». Era como para caerse de un mareo. Todavía no me lo puedo creer.

ANCHA ES CASTILLA

Siempre he oído ese dicho, pero no había experimentado su exactitud hasta hace unos días. Aunque nací en Castilla la Vieja (antes de existir las autonomías), viví en un pueblo de Granada, al pie de Sierra Arana, donde hay un barrio alto y un barrio bajo y todo son cuestas: la cuesta de la Ermita, la cuesta de la Peña, la cuesta de la Estación. Ahora vivo en La Palma, la isla más alta en relación a su perímetro. Mi ciudad está a la orilla del mar; aun así, todo es empinado. Cuando viajo a la península, a Castilla la veo desde arriba, en el avión, y es distinta: no se aprecia su planicie.

He estado en una ciudad al sur de Madrid: el centro solo, tiene más habitantes que mi isla entera. Ahí, en el centro, sí da gusto vivir: no le falta nada. Bueno, le faltan guardias municipales poniendo multas, que aquí no hacen otra cosa; yo digo que no son guardias municipales, sino recaudadores. Es el paraíso de los conductores: puedes aparcar a pocos metros de donde vayas y no he visto ni una zona azul, que por aquí nos tienen amargados; pero, claro, La Palma no es ancha como Castilla, es pequeña, estrecha y no hay dónde.

Pero (siempre hay un pero) nosotros estábamos en la zona residencial y eso sí que es un mundo aparte: las urbanizaciones preciosas, de chalés adosados, de grandes bloques; en fin, lo más moderno. Y ahora viene lo que a mí me parece deprimente: a lo lejos lo ves bonito, pero si vas dando un paseo por sus anchas aceras solo te encuentras bloques *bloqueados* por vallas y cubiertos con cualquier cosa que impida que se vea el interior, no importa que detrás haya un jardín o un huerto. Viven amurallados como los señores feudales en sus castillos. No se ve un alma por la calle: llegan en el coche, entran y ya está, en su secuestro particular. Solo por la tarde se ve a alguna persona que pasea al perro y, aunque hay sitios con bolsas para recoger los excrementos, no he visto a nadie hacerlo: tienes que ir con cuidado si no quieres pisar en blando. Eso sí, espacios inmensos, tranvía cada diez minutos y todo lo que quieras; pero no lo cambio por mi islita, pequeña, empinada, sin aparcamientos, llena de zonas azules, pero humana, entrañable, donde todos nos conocemos, nos alegramos con nuestras alegrías y nos entristecemos con nuestras penas; donde siempre tienes con quien hablar y con quien pasar un ratito tomándote un cortado.

Al volver a casa, me senté en el sofá, di un gran suspiro y me dije:

«El que me quiera ver que me busque en La Palma, ¡el mejor lugar del mundo!».

MIS AMIGAS DEL CAFÉ

Me prejubilé por motivos de salud de mi marido. Andaba triste y despistada. El médico me aconsejó que no me quedara en casa y saliera todos los días a dar un paseo. La calle Real siempre está llena de gente: me encuentro con compañeras y charlamos un rato. Una de ellas me invitó «al cortado» con su grupo de amigas y desde entonces me uní a ellas.

Aquí, aunque sea de vista, nos conocemos todos. Fueron tan amables, tan naturales, que me sentí integrada en el grupo desde el primer día. Es un rato de relax que nos viene bien a todas. Se habla de lo nuestro: de cocina, de labores, de moda, de lo que se presente, y nunca he oído nada que pueda molestar a nadie; por eso me gustan aún más. Son un grupo numeroso y a mí me encanta que me hayan acogido y que forme parte de ellas. Es mi grupo de amigas más reciente y espero seguir acudiendo a la hora del café durante muchos años.

MIS AMIGOS DE LA BREÑA

Cuando llegué a La Palma recién casada, mis amigos eran los compañeros de trabajo de mi marido y unos cuantos matrimonios que salíamos siempre juntos. Nos reuníamos en Monte Breña y así fui conociendo a otros amigos con los que formamos un buen grupo. Quedábamos cada vez en casa de uno y celebrábamos las ocasiones que nos parecían más importantes: santos, cumpleaños, aniversarios… Más tarde, lo hacíamos en nuestra casa de campo y de verdad que aquellas celebraciones eran de las que no se olvidan.

Ahora, con los años, cuando no está averiado uno lo está otro y las reuniones son más distanciadas, pero sigue el cariño y la alegría al encontrarnos en algún sitio.

Afortunadamente, nos quedan los pergaminos, diplomas y fotos que nos recuerdan las reuniones y volvemos a vivir aquellos ratos tan agradables.

LA MADRE

¡Madre! ¡Cuántos sentimientos evoca esa palabra! Significa tanto, es tan entrañable, que el corazón solo no puede definirla y busqué en el diccionario para tratar de expresar mejor lo que me sugiere. Entre los significados de la palabra *madre* encontramos: «Madero principal donde tienen sujeción y apoyan otras partes de ciertos armazones»; creo que esta definición es muy adecuada. Es la viga fuerte que sostiene y lleva el peso del hogar, porque una madre es:

- la persona que se preocupa de su hijo desde el mismo momento que sabe que lo va a tener;
- la que, cuando tiene un hijo, el corazón no lo reparte, sino que lo multiplica;
- la que no tiene vida propia, sino que todo lo supedita al bienestar de los suyos;
- la primera en los deberes;
- la que nunca hace valer sus derechos;
- la que recibe las tensiones y preocupaciones de los demás y disimula las propias;
- la que tiene jornada continua y dedicación exclusiva;
- la que practica todos los oficios y profesiones, aunque en su DNI no figuren «sus labores»;
- la responsable de que algo no salga bien;
- la culpable de que los hijos crezcan, de que se derrame la leche y hasta de que no llueva;

— y la que todavía tiene gusto para reír y a veces hasta para cantar.

¿De qué estarán hechas las madres? Sin dudarlo ni un momento, todas ellas están hechas de amor de la cabeza a los pies.

DE HIJOS Y NIETOS

Ser madre es la mejor experiencia de una mujer. Yo tuve dos hijos: un chico y una chica. Solo tengo tres nietos, pero son de lo que no hay, al menos para mí.

El mayor, que ahora tiene dieciocho años, siempre fue ocurrente, pillo y simpático. Los fines de semana se quedaba a dormir en casa y por la mañana se metía en nuestra cama. Jugábamos al gallo inglés y, cuando le nombraba a alguien que le caía mal, se reía a carcajadas; si se me ocurría decir «pa ti y pa tu madre» era como si le prendieran fuego y decía: «Eso no, para mi madre nooo». Un día con apenas tres años, le leí un cuento que escuchó con atención: al cabo de un rato, lo estaba repitiendo al pie de la letra; cuando se cansó, dijo que no seguía leyendo porque estaba escrito en chino y siguió jugando con otras cosas. Al día siguiente, volvió a leer el mismo libro y le pregunté que si había aprendido chino y me dijo muy serio: «No, abuela, es que este capítulo está escrito en español».

Imaginación no le falta. Se parece muchísimo a su padre. Cuando mi hijo era pequeño (apenas sabía hablar), lo vi en un taburete en el baño con la maquinilla de afeitar en la mano. Me dijo: «Mami, me voy a *fitar*». Años después, mi nieto, y sin saber nada de su padre, estaba en el mismo taburete con la brocha, todo embadurnado de espuma; me dijo: «Abuela, me estoy *fitando*». Y de esas y como esas, un montón.

Mi hija tiene un chico de catorce años y una chica de doce. Se llevan muy bien, pero si el hermano hace alguna trastada, la niña corre a contárselo a su madre. El hermano dice: «¡Que te calles!», y ella le contesta: «¡Las niñas tienen que contárselo todo a su madre y, como es mi madre, se lo digo! No voy a ser como tú, que no le cuentas nada ni a mamá ni a papá», y se queda tan pancha.

Yo pienso que los nietos son el regalo de Dios para consolar a los padres cuando los hijos ya no están en casa.

EN LA NOCHE DE REYES

Mi hijo no podía dormir esa noche: se la pasaba espiando los zapatos a ver si veía llegar al Reyes hasta que lo vencía el sueño. Esa Navidad estaba mi hermana pequeña con nosotros en casa. Mi hijo era muy travieso y entre todos los regalos había uno que no se parecía a nada de lo que había pedido. Lo miraba, lo sacudía y nada hasta que al fin lo abrió. Al ver que era carbón, dijo: «¡Los Reyes se han equivocado, este paquete es para Reme (mi hermana)!»

A su hijo le hacía ilusión recoger regalos de distintos sitios y se quedaba a dormir en nuestra casa; el mismo nerviosismo de todos los niños hasta que quedó rendido. Por la mañana, parecía un molinillo abriendo paquetes y, lo mismo que su padre cuando era pequeño, había uno que no le cuadraba y no se atrevía a abrirlo hasta que al fin lo hizo… y era un gran rollo de papel higiénico, de los que se ponen en los bares. Se echó a reír y dijo: «¡Los Reyes se han equivocado, este regalo es para abuelo!» Increíble. ¿Son iguales o no?

PARA TERMINAR

Podría seguir escribiendo muchos más relatos.

Por ser la mayor de las nietas y de mis cinco hermanas: tengo casos y cosas para reírnos un rato y, si además agrego las de mis cuarenta y tres años de maestra, tendría para más de un libro. Si a eso le unimos que me encanta escribir, comprenderán que para mí estos relatos han sido un placer. Todo han sido vivencias personales. Espero haberles distraído y no resultar pesada al narrarlos porque, como me enseñaron cuando estudiaba, un buen texto debe ser claro, preciso y conciso.

Gracias por seguir leyendo hasta el final.
Un saludo cariñoso,

María Teresa

María Teresa García Escudero estudió en Granada y ha sido profesora en la isla de La Palma durante 43 años. Anteriormente ha publicado *Cosas mías. Recuerdos de una maestra*. En 2007 recibió el Primer Premio de Poesía de Tejina (La Laguna), y en 2008 la Fundación Guanarteme la incluyó en su libro de relatos *Rescatando la memoria*.

Otros títulos de la autora:

Manual de convivencia y felicidad (para adolescentes)
Nutrientes y salud
El cerebro: Cuida tu ordenador personal
Terapias alternativas a la cura del cáncer
En forma con alegría y optimismo
Formas naturales de perder peso y volumen
Mis propias recetas de cocina
Las recetas de la cocina canaria
Romances, leyendas, dichos, fiestas y canciones de la Villa de Garafía

www.ingramcontent.com/pod-product-compliance
Lightning Source LLC
LaVergne TN
LVHW041746190726
843493LV00008B/2468